VERBUM POESÍA

LOS POEMAS QUE NO QUERÍAS
QUE SE LEYERA TU MADRE

colección **Poesía**

Dirigida por PEDRO SHIMOSE

La colección Verbum Poesía ha mantenido desde sus inicios la vocación de dar a conocer voces poéticas de sostenido prestigio en sus países de origen, pero poco o nada conocidos en España, junto a nombres consagrados de la lírica universal, entre los que destacan: Gastón Baquero, José Kozer, Julián del Casal, Juan Ramón Jiménez, Rubén Darío, Federico García Lorca, E. E. Cummings, Steven White, Luis Antonio de Villena, Luis García Montero, Luis Alberto de Cuenca, Antonio Gamoneda, Pablo Guerrero, Ana María Facundo, Antonio Colinas, José Siles, Fernando Pessoa, entre otros.

BEGOÑA M. RUEDA

LOS POEMAS
QUE NO QUERÍAS QUE
SE LEYERA TU MADRE

XLIII PREMIO INTERNACIONAL DE
POESÍA «JUAN ALCAIDE» (2024)

Editorial
VERBUM

© Editorial Verbum, S. L., 2025
© Begoña M. Rueda, 2025

Tr.ª Sierra de Gata, 5
La Poveda (Arganda del Rey)
28500 - Madrid
Teléf.: (+34) 910 46 54 33
e-mail: info@editorialverbum.es
https://editorialverbum.es

I.S.B.N.: 978-84-1136-883-4
Depósito Legal: M-2023-2025

Diseño y maquetación: Iván García Molinero
Preimpresión: Adrians Esquivel Romero
Printed in Spain / Impreso en España

Este libro ha sido
impreso con papel
ecológico procedente
de bosques sostenibles.

ÍNDICE

PRIMER CUADERNO

CUADERNO DOS

Para Begoña, por tener la valentía de escoger vivir en la cobardía constante.

Nos llamamos igual
y hasta nacimos el mismo año.

Tu infancia
podría haber sido mi infancia, tu madre
podría haber sido mi madre, tu casa la mía y
tu olor, tu fe, tu sombra en la arena y
el laurel, las buganvillas, el naranjo amargo y
las serpientes que moran en tu jardín.

No hubiera conocido la violencia de mi padre
ni la mirada perdida
de las monjas de mi colegio,
habría conocido el mar demasiado pronto, pienso,
la canción de las campanas de la catedral
demasiado tarde.

Nunca hubiera escrito un poema.
Nunca hubiera sentido nada en absoluto
por ti.

PRIMER CUADERNO

A 1/8/2021

(El poema espantoso que por primera vez te escribo)
Pienso en ti
como quien hunde los pies
en un río sagrado, te pienso
desnuda en el oro, toda luz,
con el miedo y con la paz
de quien hunde los pies
en aguas benditas.

(El poema que realmente querría escribirte)
Al levantar la cabeza de mi sexo
te secas la boca con el dorso de la mano.
Eres la yegua que tranquila pasta y
a su vez
el caníbal que en su hambre me abre
me eviscera y me devora
aún consciente
en mi voluntario sacrificio.

A 10/8/2021

Me hablas de los nenúfares
que abren su flor a la madrugada   para cerrarse de día
y terminar hundiéndose
en silencio
bajo las aguas. En algún laboratorio de Zúrich
un equipo de físicos ha conseguido
hacer levitar una esfera de vidrio
ralentizar
su movimiento al más leve estado
mecánico cuántico
logrando así
por vez primera
parar el tiempo. Me hablas de los nenúfares y estás
hablando de mi de cómo me hundo
en silencio
en tu voz
cuando me hablas y yo sólo pienso en cómo
podrá hacerse eso de levitar esferas para parar el tiempo
mientras me hablas.
Mientras me hundo.

A 14/8/2021

Atraviesas
la piscina salpicada
de pétalos de buganvilla.

Los apartas de tu pelo
con la rara avis de una mano
de dedos largos y celestes
que no me tocan.

Te observo dormida sobre el césped.
El vino de un sol
pálido se derrama sobre tu cuerpo.
Entreabres los labios y siento frío,
me cubro con la toalla
como si me cubriera con tus brazos.

A 15/8/2021

Llevo tu nombre en mi nombre.
Te pronuncio y me invoco en ti,
tú en mí si me pronuncias.
Me menciono a solas
para mencionarte en calma;
te digo y me digo
en constante deseo.

A 16/8/2021

Señalas Júpiter con el dedo
lo miro
levitar sobre las aguas del Estrecho; en esta playa
de esta región remota de la Vía Láctea indicas
un lugar extraño a seiscientos millones de kilómetros
que brilla como tus ojos.

Descuartizas mutilas y desollas
un pomelo
para desayunar.
El día anterior
te acompañé a la carnicería
alguien
había sacrificado todas sus reses
en tu honor; a pesar de todo
escogiste la pulpa encarnada del pomelo
un pomelo sangrante del tamaño
de un puño del tamaño
de mi corazón abierto en canal
sobre tu plato.

A 22/8/2021

No puedo pedirte que me beses
ni que me des la mano ni me mires
como yo te miro no puedo
abrazarte mientras duermes ni cerrar
tus párpados con mis labios no puedo
hacerte el amor ni contemplarte después
no puedo gustarte si no te gusto no
puedes no gustarme no
puede gustarme otra por mucho
que me mirara como yo te miro a ti no
puedo pedirte nada en absoluto no
lo pretendo tal cual me quieres
me lo das todo lo sé
y para nada me parece poco.
No puedo notar
tu aliento en mi boca ni morderte la piel
pero de qué modo provocas
que las aves se multipliquen bajo mi pecho
me late un nido de alondras hambrientas
de los brotes de los insectos y de las semillas
de tu voz ojalá pudiera yo
llover sobre tu cuerpo como llueven
los cristales rotos del cielo sobre los campos
me habita la desesperación
de quien busca el sol a medianoche
te escribo poemas con los ojos cerrados
te escribo
porque es lo único
que te puedo ofrecer.

A 26/8/2021

Mientras tomas el sol,
observo tu espalda.
Campo moreno de carne
que mis dedos acarician
como si acariciaran el trigo.

Para expiar mis manos
del tacto de lo impuro,
de las superficies de los espejos,
de la bestia, del cuchillo y hasta
de sus propios dedos, de la codicia
de la autodestrucción y sus cascabeles, del licor
caduco de otros cuerpos, del guante
y del homicidio, de la rata y del poema
me basta
con tocar tu cabello.

A 30/8/2021

Pasas nadando por mi lado
sin ni tan siquiera mirarme.
Un crío no para de llorar
al otro lado de la piscina, un crío
que parece darse cuenta.

Al final de la calle
observas un escaparate mientras me esperas.
Despacio, avanzo hacia ti
con la timidez del equilibrista
que avanza por la cuerda floja.

A 6/9/2021

Me escucho echarte de menos
desde dos mil cincuenta y dos.
Para entonces
te has casado con una mujer
que no soy yo, que nunca
te ha escrito un solo poema,
tienes un perro, tu caravana, las mismas
gafas de sol, el amor de tus hijos
y el de una mujer
que te pide que te tiñas el pelo, una mujer
que me saluda y me pregunta cómo estoy,
si vengo de comprar el pan, que por qué
nunca me paso por vuestra casa y yo
le doy dos besos y regreso, abrazando la baguette,
al apartamento donde nunca
me hice vieja a tu lado.

A 13/9/2021

Paseo
por un Madrid nocturno
de neón en las pupilas, tacones altos;
hay callejones con olor a frutería y garitos atestados.

En el escalón de un portal
dos chicas que se nos parecen se dan un beso.
Claramente,
no somos nosotras.

Las carpas perturban
la superficie del estanque del Retiro.
Recuerdo tus pulmones,
como peces de agua dulce,
elevando tu pecho
mientras dormías y toda la poesía del mundo
era tu respiración.

Desde la ventanilla del tren
se perciben de nuevo las grúas
del puerto de Algeciras, el mar
junto al que he llorado tanto y tanto
te he mirado.

Estás esperándome en la estación.
Eres mi único motivo para volver.

A 14/9/2021

Me llevas en coche a casa.
Me gusta mirarte conducir. Sé que lo notas.
Lo de que me gusta mirarte. A mí.
A tu amiga. A la otra Begoña.
A tu amiga y nada más.
A tu copiloto.

Necesito besarte.
Esto no es un poema.
Es sed.

A 15/9/2021

Vengo de contemplar
las mujeres blancas de Sorolla,
al chico del caballo, las cerámicas,
los retratos de Clotilde.
En nuestra cafetería de Algeciras
rebañas los restos del gofre
y relames el tenedor. Así, con la boca
manchada de chocolate, me pareces
mil veces más bella
que la Instantánea de Biarritz.

A 16/9/2021

Terminarás conociendo a una persona
a la que le moleste que te escriba
estas cosas. Lo mismo la has conocido ya
y yo no lo sé y tú no se lo dices
porque dices que no se lo has dicho a nadie.
En realidad no lo creo. Que la hayas conocido aún.
Pero la conocerás, y te preguntará
que de qué se trata eso del cuaderno, que
quién soy, quién me creo, que por qué
te gusta lo que pone
y no sabrás
qué decir.

A 21/10/2021

Desde que nací hasta hoy
he vivido diez mil quinientos veintidós días
con sus diez mil quinientas veintidós noches
de las cuales tan sólo
dejé de sentir frío
la que pasé entre tus brazos.

A 23/10/2021

Mis besos terminan
en la comisura de tus labios.
Los acaricio con los dedos
como quien acaricia la superficie
del agua tibia.

A 24/10/2021

De noche
mi pie busca
tu pie dormido.
Han caminado durante veintinueve años
por senderos diferentes
hasta encontrarse bajo estas sábanas
para por fin descansar
el uno junto al otro.

A 25/10/2021

Despacio, mis labios se deslizan
por tu cuello. Lejos de apartarme,
me abrazas con fuerza y el deseo
me entreabre la boca, me acerco
a la tuya besándote la garganta,
el mentón, la punta de la nariz.

Miras dentro de mis ojos. ¿Qué ves, Begoña?
¿Qué es lo que ves?

A 1/11/2021

La primera vez que vi el mar
tenía veintinueve años, llevaba
un bikini azul y casi tres años
viviendo en la costa. La primera vez
que vi el mar, el mar
era de carne y era mujer
y era tu cuerpo.

A 16/11/2021

Me pregunto qué será de mí en diez años.
Dónde me encontraré. Si estaré viva.
Me pregunto qué comeré mañana, no quepo
en ningún vestido, recuerdo
lo bonito que era estar enamorada y que fuera
correspondido. Queda lejos. Parece
el recuerdo de una vida anterior. Después
pienso en el aroma del pan recién horneado,
en el cielo cuando atardece y se vuelve naranja,
sobre el mar
y en este planeta que gira sin control conmigo dentro
y siento vértigo y siento belleza y siento miedo;
déjame coger fuerte tu mano.

Cuando alguien te coja de la cintura
desearé estar lejos, muy lejos, acariciando triste
el lomo de los caballos que habitan en manada
las estepas de Djalahabad. Querrás encontrarme
y te será imposible
averiguar en qué cuneta de Sarajevo paso la noche,
en qué biblioteca quemada de Mosul, si tal vez
otra mujer de ojos negros me cura con sus manos
en un campamento nómada
junto al lago Namtso.

Me encontraré lejos, muy lejos
de contemplar cómo alguien te coge de la cintura y te besa

y te aprieta contra su pecho y te revuelve el pelo y te mira
la mitad de enamorado
que yo te miro a ti.

Y si
me das un beso y no te gusta, y si en realidad
no te gusto, y si las mujeres, realmente,
tampoco y si, en ese caso, te sentirías mejor pero
y si sí que te gusto, no mucho, claro, sólo
un poco, más bien como amiga pero
y si me besas y te gusta, nada más
que un beso porque cómo soportar
la idea de perder lo que tenemos y si
mejor te quedas quieta porque, claro que no,
tú no estás en ese punto pero y si abrazas
a otra y huele como yo pero
no te abraza lo mismo ni te dice "oye Bego"
pero cómo soportar la idea de perder
lo que tenemos, cómo soportar
la idea de perderme y a la vez cómo soportar
el abrazar a otra y que huela como yo pero "oye,
Bego, ¿puedo besarte?" me escuchas preguntarte
un domingo en Granada, un domingo en tu cabeza
que no es cabeza pero sí domingo, pero sí, pero mejor no
y te vistes y te coges la moto y te vas a pilates
pero una chica
que se cruza contigo a la altura de El corte inglés
huele como yo, cómo soportarlo, huele
como yo.

34

A 27/11/2021

Allá en lo alto la luna,
la soledad de la playa en la madrugada
- las aguas que nos refrescaban en verano
tan en paz a cincuenta metros de tu casa- y la luz
obscena de otro barco y el silencio, el mismo silencio,
en la bahía que en el cementerio del paseo y ninguna voz
ni rastro de los vecinos ni ventanas encendidas.

Todo lo vivo duerme pero para mí es de día; acercas
mi mano al sol inesperado de tus labios
y la besas.

¿A qué otra amiga
abrazas en la cama como tú
me abrazas, Begoña?

¿A qué otra amiga
abrazaría yo en la cama como a tí
te abrazo, a qué otra
podría yo acercar hacia mi pecho
y sentir lo mismo? Ni parecido.

¿A qué otra amiga,
Begoña, a qué otra abrazarías así
sin que me doliera?

A 28/11/2021

(Tarifa. Uno de esos viajes a los que también traías a tu pretendiente finlandés. El mismo que decías que no te gustaba. El que invitaste a vivir a solas contigo un mes entero en tu casa junto al mar.)

Te sientas a mi lado mientras se pone el sol.
Veo atardecer
sola.

A 11/12/2021

(Cádiz)

Te sientas a mi lado en el malecón.
Por unos segundos tu mano busca mi mano
mientras vemos atardecer.

A 14/12/2021

Mujeres
he desnudado demasiadas, me han desnudado
entre todas ellas, las demasiadas, cuando
más frío tenía y más calor necesitaba, no,
ese calor de sexo al rojo vivo sobre fondo
de lengua gris no, ellas
arañaban mi espalda y la marcaban con surcos
como de hilera de amapola, alguna me amó,
tal vez, fuera de la cama y me cogió de la mano
para terminar soltándola, desnudé
pocas mujeres, es decir, demasiadas,
pero sólo tú
me besas en la mejilla y más que con ninguna
siento que hago el amor.

CUADERNO DOS

A 21/12/2021

Recuerdas
y te muerdes el labio.
Lamentas que no sea yo
quien te lo muerda, esa boca
mía
pero sólo tuya, pero cómo
darte igual
compartirla con otra, piensas y piensas
que no lo piensas, mis labios
en tus labios, en tu cuello, en tu sexo,
mis labios, piensas, tus labios, tuyos
y de ninguna otra, has pensado, sin darte cuenta
y te dices que así, tuyos, míos pero tuyos
menos mal.

A 22/12/2021

El impulso
contenido
de cogerte de la mano
como se cogen las parejas
y el cogernos, a pesar de todo,
en el interior del bolsillo de tu chaqueta
por todo Madrid
como se cogen las parejas, amiga mía,
como se cogen
las parejas.

———————————————————————

Por vez primera me ves desnuda.
Todavía es verano, llevo
una camiseta blanca y unas bermudas vaqueras
en mi desnudez, estamos
a principios de septiembre en nuestra cafetería
frente a las grúas del puerto
cuando de repente sonríes y yo, desnuda,
me sonrojo con violencia, así que
intento cubrirme con la mascarilla como quien
apaga el interruptor
del dormitorio.

A 4/02/2022

(De cuando te acababas de marchar a Granada a trabajar)

Si con la misma pena
me echas de menos y con la misma alegría
piensas en volver a verme, si las dos
nos esperamos en el recuerdo y el recuerdo
no nos basta, si sentimos lo mismo
-un florecer de amapolas sobre la superficie del mar–
sentimos todo
lo que se puede sentir en este momento
y lo sentimos a la vez.

———————————————————

Escucho tu risa
al otro lado del teléfono. Intento imaginarla,
imaginarte
plena en tu alegría, la forma de tus labios
y de tus dientes. Si en lugar de mujer
hubiera nacido manzana,
me hubiera mordido y masticado
para después volver a reír; tu risa
es un consuelo en la distancia,
un buen motivo
para reír yo también.

A 5/03/2022

Enjabono mi cuerpo. Observo
la forma de los dedos de mis pies,
el vello de mis piernas, las estrías
de los muslos, mi mancha de nacimiento,
mi sexo y su apariencia, esta barriga
y estos pechos y este lunar y creo que
he perdido peso, con estos brazos míos
rodeaba tu ser, estas deben ser mis manos
y esto mi cabello, dime
¿te gusto tal cual soy
desnuda de la ropa y del espanto? Creo
haber perdido el peso
del peso y sus exigencias. Estas
deben ser mis manos. Ojalá
fueran las tuyas.

A 10/03/2022

No sé cuándo volveremos a vernos.
Te veré llegar con tu jersey de cuello vuelto,
las manos vacías de mis manos, todo
lo que sientes o te permites sentir
ahí latiendo en el lado izquierdo, vendrás
con las llaves del apartamento donde
hacemos el amor en el bolsillo, nos diremos
más de lo que solemos decirnos
con los ojos. Mucho y más
de lo que solemos
decirnos.

A 11/03/2022

No me miras
como me mirabas antes.
Me miras con un brillo en los ojos
que no puedes esconder
como escondes
nuestras manos entrelazadas, nuestros cuerpos
desnudos, tus labios en mis labios. Yo
tampoco te miro como antes. Yo tampoco
consigo esconderlo.

A 24/03/2022

Nadie podría
ocupar tu lado de la cama, ese hueco
en el que cada noche faltas. Dormir
es echarte de menos con los ojos cerrados.
Despertar, buscar tu cuerpo entre las sábanas
y nunca encontrarlo. Es preparar
el desayuno para mí sola, echarme
la colonia que te gusta aún a sabiendas
de que hoy tampoco voy a poder verte, calzarme
tus zapatillas, llegar al trabajo,
llamarte por teléfono y darte los buenos días,
Begoña, buenos días, cómo has dormido,
yo bien pero sabes, nadie podría
ocupar jamás tu lado de la cama, bueno,
no te preocupes, luego hablamos yo también
tengo que entrar ya, un beso Bego, uno
y todos
los que quieras.

A 5/04/2022

Intento averiguar tu rosto
en los rostros de las chicas
que caminan bajo el paraguas.
La lluvia me empapa como tu recuerdo.

En sus rostros, inconsciente, te busco.
Vuelvo a casa
tan triste y tan decepcionada. No ha nacido otra
que sonría como me sonríes
tú.

A 10/04/2022

*(De la Semana Santa que decidiste pasar en casa
de tu pretendiente finlandés. El mismo del que
conservabas una postal romántica y una fotografía en
la nevera mientras escondías mis poemas de la vista
de todo el mundo.)*

La primavera despeja el cielo.
Si pudiera disfrutar de este sol contigo.
Está todo tan azul y verde, huele
a cerveza y a azahar. Es domingo de ramos.
He salido a la calle y he visto de plata
a la madre de Dios, he visto
la cera de los cirios llorar sobre los adoquines,
nos he visto
en el disimulo de dos chicas cogidas del brazo.

Me escribes. Leo
que pasarás la noche
en un barco extranjero, en el Báltico.
La verdad
yo no sabría señalar en un mapa
dónde se encuentra el Báltico, no sabría
señalar en un mapa
dónde te encuentras tú. No sabría
decirle a nadie
en qué páramo del mundo respira
la mujer que quiero, Begoña, por favor,

grita si tienes frío. Tu voz, deshielo.
La voz de la mujer que quiero, un mar desconocido.
Tu voz.

Cae la tarde.
Bandadas de aves
cruzan el cielo todavía azul.
Las observo esperanzada. Hace dos días
alzaste el vuelo. Una de ellas, yo sé
de tu condición de viento, de que mudaste la carne.
Una de ellas. Lo sé. Desde mi ventana
te saludo. Desde mi ventana te veo marchar.

A 11/04/2022

Cuando observas la nieve
desde el hogar de ese chico
y la ves caer como un párpado
sobre los ojos abiertos de los árboles,
¿deseas que esté junto a ti?

Mis manos
sin tus manos
sienten el mismo frío
que las tuyas.

A 13/04/2022

Tú,
que marchaste a ese país
donde se vive en el futuro, tú
que habitas en el después, que conoces
lo que pasará, que de las dos
eres la única que nos ha visto luego,

¿me sigues dando a comer castañas asadas
dentro de cincuenta años?

A 16/04/2022

Te quiero como
tiendo la ropa blanca
al sol de abril.

Si no hubieras subido a ese avión
Si lo del barco fuera mentira.
Si todo este tiempo
hubieras permanecido en Algeciras, a pocos
metros de mí. Si las fotografías del mar
y de los pueblos nevados fueran todo
un engaño. Si de repente

llamaras a mi puerta

no te preguntaría nada. Te besaría.
Te invitaría a pasar. Me sentaría a tu lado y me bastaría
con poder verte.

A 1/06/2022

He comprado
semillas de flores. Con cariño
las he sembrado, las he
arropado con el sustrato, les he dado de beber
agua bajo el sol de junio.
Somos nosotras. Lo que sin prisa
brota, crece y aspira a la luz. Nosotras.
Aciano y zinnia.

"Bego, te quiero."
En el silencio dices.
En tu silencio.

Me pregunto qué somos.
Para la ciencia,
hidrógeno, oxígeno, carbono, sodio, nitrógeno
y otros elementos residuales.

Cuando te miro
veo a la mujer que quiero, joven, junto al mar.
Tú también me miras, somos
dos mujeres que se observan.

¿Has visto esas aves
que se emparejan para toda la vida,
grullas tal vez?

A 6/06/2022

Otra luz de otro tiempo
dejé atrás y otros cuerpos dejé
ajenos y propios
atrás.
Ha crecido la hierba sobre aquella juventud
que fue mía que incluso
fui yo nada
anhelo. Huí como los valientes
del polvo en la lengua del puño cerrado de la bilis
para continuar huyendo
para continuar.

En ti, que me acompañas,
descanso. Eres la mujer y eres el lugar,
el único lugar
que abandonar no deseo.

A 12/06/2022

Aparto la arena de tu piel.
Se me descubre tu cuerpo
como una vasija antigua
de oro fenicio.
Bebo el agua salada de tus labios.
Atardece para que podamos
amarnos en paz.

A 15/06/2022

Cómo besarte
con este incendio de rosas bajo el pecho,
con la canción de tus manos
rodeando mi cintura, con este
hambre de tu amor, amor
cómo besarte
acariciando las aristas del océano
al acariciar tu cuerpo
y después

llamarte amiga.

A 16/06/2022

Desnudo,
tu cuerpo se tiende junto al mío.

Cuánto miedo
imaginarlo junto a otro. Cuánta belleza

observarte junto a mí. Cuántas veces
me habrá hecho falta reencarnarme
para terminar aquí, a tu lado. Cuántas vidas
habré pasado deseando dar contigo
cuando la humanidad era más joven
y ni tú te llamabas yo
ni yo
me llamaba tú.

A 26/07/2022

En la noche
no te tengo.

Escucho las bocinas de los barcos
sin ti. Las piernas blancas de la luna
se enredan con las mías
como hacían
las tuyas.

Qué no daría por que hiciéramos el amor.
Por ver hacerse el día
sobre tu cuerpo.

Después de darnos las buenas noches
por teléfono, te hago hueco en la cama y me duermo
imaginando
tu voz.

A 5/08/2022

Cuelga la chancla
de tu pie como la hoja
tiembla en el árbol.

A 19/09/2022

Ardo de fiebre.
Con tanto amor me besas
que abro los ojos.

Las sábanas donde hemos hecho el amor
dan vueltas en tu lavadora.
Mis camisas en tu tendedero.
La ventana abierta.

Regresas de la facultad. Me he ido.
Escuchas
a dos que se quieren
en el piso de al lado.

Te quiero. Pero te quiero para siempre.
Bajo las sábanas nos damos la mano. No nos ven
ni tus padres, ni tus alumnos, ni los amigos
que tenemos en común.

¿Podremos
engañar también al tiempo, veré envejecer tu cuerpo
sobre el mío
como quien contempla nacer el agua
de un manantial?

A 20/09/2022

Tanto miedo
de que en la distancia me dejes de querer.
A mí nunca
me sucede nada
parecido a ti. Existe un Dios porque tus labios existen.

Estoy ahí a tu lado cariño, te digo por teléfono.
Me respondes
que tú también.

A 4/10/2022

Me despierto en tu cama
y no te encuentro. No te encuentro
dentro de los armarios ni en el interior
del microondas ni del congelador ni de la lavadora;
esta mañana, amor,
no te encuentro. Tu mar tampoco te encuentra

lo escucho bramar desde el Estrecho
con su voz azul y ronca de la marea en otoño, aquí,

en tu apartamento de Granada,
lo escucho. Tampoco
vendrás a comer, preparo
sopa de cartón para mí, sólo para mi,
y un triste tomate
que se ahoga en sal
y en aceite. Abro la ventana, vida mía,

para ventilar la pena. Para que te traiga el viento
                              y encontrarte.

Doblo tus camisas con amor y friego
el vaso de agua que alivia tu sed con amor y miro
las arrugas de la sábana donde ha descansado tu cuerpo

con amor

y con amor las aliso con el dorso de la mano.
Cuento con los dedos los días que me quedan junto a ti
y los cuento

con miedo.

Tus párpados
y los lóbulos de tus orejas
son pequeños y los dedos de tus pies
son largos y bonitos.

La carcoma de la pena me mermaría
si no fueras tú. Besaré
nada más que tus labios, lo que reste de tiempo,
en seguida
llegará de nuevo la primavera, regresaré
a ti y sólo a ti
aunque únicamente pueda hacerlo
observando tu fotografía.

A 5/10/2022

Por las calles estrechas de Granada
el olor de las especias, los puestos de té e incienso,
las tiendas de quincalla
y tu risa.

En la plaza de la catedral te pregunto
cuándo vas a llevarme a Lisboa.

Una muchedumbre de turistas y estudiantes
me impide escuchar tu respuesta. Hoy

vas de blanco

y haces de día
su más oscura noche.

Hago hora para verte y descanso mientras
en los escalones de la catedral. Frente a la catedral

hay una cuchillería, sus cuchillos, un hombre y una rueda

un negocio de manzanas al caramelo
y un chico guapísimo que toca el violín. Lo siento,
no tengo una sola moneda, tengo un amor.

Tengo un amor.

A 6/10/2022

En la noche siento la espalda fría.
Me has dejado de abrazar mientras duermes.

Como quien busca el sol de madrugada, a ciegas
tanteo la cama
hasta dar contigo. De nuevo tu cuerpo se amolda a mi
cuerpo, ahora somos
una sola mujer.

Cuando marche a Córdoba
vendrás a visitarme pasarás
la noche conmigo la noche que se pueda
te importará demasiado que me vaya antes
de que amanezca y despertar así sin mí
en un hostal que nos resulte barato podrás
quererme igual después de estos seis meses me
llamarás me cogerás el teléfono me llamarás
por tu nombre desde la cocina por si todo es mentira

y estoy escondida
en tu habitación. ¿Leerás mis cartas me
escribirás alguna tú alguna vez me querrás
como me quieres ahora se lo contarás a alguien te
lo contarás a ti me verás en los puestos de castañas
en el espejo del ascensor en los platos sucios te

peinarás igual vestirás igual te llamarás igual
cuando vuelva?

Tendré un río y un invierno.
¿Te tendré a ti?

A 30/01/2023

(El único día que viniste a verme a Córdoba en ocho meses)

Lo único que querías era verme
me dices
rota de llanto. Que si puedes besarme
me preguntas

después de todo

lo que me has hecho pasar puedes
me preguntas darme un beso que por favor
te perdone
porque no puedes mirarme de la vergüenza puedo
darte un beso y tus dedos
tanteando tristes mis labios Begoña cómo
no vas
a poder darme un beso. No vuelvas a preguntarlo.

Siempre. Siempre puedes hacer de mi boca la tuya.
De nuestros besos
un hogar.

Odio el naranjo.
Odio la fuente.
Odio el patio.
Odio este sol falso que a nada ni nadie calienta. Odio
estar sin ti. No saber

qué sientes.

Me haces el amor. Has vuelto a encontrarnos
me dices y sonríes
más de paz que de alegría. Yo

me doy por primera vez cuenta
de ser capaz de amarte en la herida
como en los días plenos. Te miro
y te pregunto si hoy me quieres y hoy
parece
que me quieres.

El dolor
es verte bajar de un autobús
con la mirada perdida
y preguntarte qué te pasa. Que ya
no seas tú.

De qué
amiga
me hablas.
De qué
amiga
si mientras rompes conmigo

me coges de la mano.

Cuando todo queda atrás
nos llenan las copas de vino.

Sonríes como antes. Con la mano que me queda libre
me busco el corazón.

No saber
si de verdad hubieras podido hacerlo
marcharte
así
dejándome allí ni si de haberte marchado
hubieras vuelto, qué te hubiera parecido
si yo hubiera aceptado terminar tal cual
sin más
y me hubiera sentido de acuerdo
con la amistad que me ofrecías y que para despedirnos
te hubiera dado dos besos
en la mejilla. Como dos que se conocen.

Como dos que nunca
se han significado nada.

Me dices
como excepción
que me quieres y que todo
vuelve a estar como siempre.

Este día mis poemas son oscuros. Todavía
la luz de siempre mi amor de siempre
mis versos de siempre

no alcanzan luz.

A 11/07/2023

Verano en Granada.

Se abrasan los alientos junto al río
las flores se mueren en el sueño hay
penumbra en la sortija de sol
que tintinea por los tejados. Begoña mía

cuánto calor abraza hoy al mundo

pero cuánto frío yo
sola
aquí sin ti.

La vida extiende su noche sobre mi noche propia.
Esta ausencia tuya.
¿Te veré algún día de blanco? ¿Qué otra cosa
podría hacerme más feliz?
Lejos de aquí te presiento
con un pez dorado entre las manos los pies
hundidos en el agua del mar. Si pudiera besarte.

Si pudiera apagar los astros y vendimiar tu desnudez.

Miedo a que me dejes de querer,
con facilidad,
como hace todo el mundo. Miedo

a que seas todo el mundo,
y a pesar del miedo,
quererte.

A 12/09/2023

No me dices que me quieres. Nunca.
Te escribo un poema. Lo lees. No dices nada
si no te pregunto. Si no te pregunto
no sé qué piensas, qué sientes y preguntando
tampoco me queda del todo claro. Ya no
me abrazas en la cama. Te duele el cuello.
Hace cuatro meses que no hacemos el amor.
Me das un beso, sí,
pero ya no me comes la boca.
Me desnudo.
¿Me deseas? Cuando te marchas al trabajo
aquí llorando
me quedo pensando en ti.

¿Tus otras parejas te abrazaban desnuda? me preguntas.
Antes de ti
para mí no ha existido nadie.

Regresas de Portugal con una botella de vino.
Este verano partí una copa. Qué más da
si no brindamos si me hice o no sangre con el cristal si
es más o menos amargo tu cuerpo que antes si
ya
no lo pruebo.

A 8/10/2023

Me miras
con un ramillete de libélulas ardiendo en los ojos.

Los míos
dos espejos tristes
te devuelven la luz.

Abro tu sexo con mi lengua. Confundo
mis labios con los tuyos.

Soy la única
que come a la otra
asco qué asco pero cuánto asco
me dices
que te daría
hacérmelo a mí pero sí que te parece
bien que yo
que siempre
para todo
yo.

Sonriendo
nos besamos en el parque. Una vida
a tu lado no me basta. Eres
eternamente bella.
como un sol de nieve cálida.

A 9/10/2023

Antes de hacer el amor contigo
cierro las ventanas; a la Alhambra
puede darle envidia
tu cuerpo desnudo.

Por vez primera en meses
te escucho gemir. Desprendes mis oídos
de un silencio oscuro, tirano
como una negra rueda de molino, Begoña mía,
amor.

A 5/12/2023

Amanece.
Toda luz del día es poca
para iluminar mi pena; hoy
como ayer,
tampoco me dirás que me quieres.

Y de nuevo me preguntas
si podríamos seguir
siendo amigas. Es

la primera vez que te miento.

Dices que me deseas
pero ya no me tocas.
En tu dormitorio me desnudo
y te vas de la habitación. Los ojos
de aquella muchacha que la primera vez
me impedía apagar la lamparita
ya
no son tus ojos.

Alguno de aquellos días de febrero de 2024 en los que sólo deseaba morirme

Yo también quisiera escribir poemas de chicas tomando vermú
pero te los escribo a ti pero
te los escribo
a ti pero ya no me quedan bonitos. Cuando digo en voz alta
que me gustaría quitarme la vida
pierdo amigos. Cuando me lo callo
estoy más linda
no lo ves no ves que así caigo bien y nadie me abandona
y todos me quieren. Cuando pienso en escribirte un poema
te recuerdo partiendo un pomelo
en la cocina de tu casa
tan linda qué linda más linda

                              pero mejor
                              me lo callo.

SERGIO GARCÍA ZAMORA

Los conspiradores

XXXIX Premio Internacional
de Poesía "Juan Alcaide"

I.S.B.N.: 978-84-1337-364-5

«El despliegue de recursos de Sergio García Zamora para negarse a la servidumbre del espejo es amplio y muchas veces sorpresivo. Es la suya una rebelión de la imagen que tiene una tradición rupturista en otros poetas de su país como Lezama, como Jamís, como Nogueras, Baquero, Piñera o Alcides. Su poética me resulta centrada en aquello que pedía Jean Cocteau para negar la imagen seriada, para huir de algo que se ha vuelto reiterado y cansino en mucha de la poesía actual: "los espejos harían bien en reflexionar antes de devolver las imágenes". Con esto quiero sobre todo señalar la particular voz de este poeta, la sabiduría con la que mezcla y macera en su marmita los más variados recursos de una poética que crea atmósferas, que cuenta historias y dibuja o pinta con palabras cuadros que distan muchos de ser de costumbres.»